The Giant and the Little Book of Happiness: Bilingual French-English Stories for Kids

Pomme Bilingual

Published by Pomme Bilingual, 2024.

While every precaution has been taken in the preparation of this book, the publisher assumes no responsibility for errors or omissions, or for damages resulting from the use of the information contained herein.

THE GIANT AND THE LITTLE BOOK OF HAPPINESS: BILINGUAL FRENCH-ENGLISH STORIES FOR KIDS

First edition. October 25, 2024.

ISBN: 979-8227874375

Written by Pomme Bilingual.

Table of Contents

La Fabuleuse Farce de Léon le Lapin

Au cœur d'une forêt verte, parsemée de soleil, Léon le Lapin était connu comme le roi des malices. Léon était astucieux et toujours désireux de faire rire ses amis de la forêt. Que ce soit en nouant des couronnes de marguerites à la queue de quelqu'un ou en se cachant dans un buisson pour faire une douce surprise, Léon ne cessait d'imaginer de nouvelles farces.

Aujourd'hui, Léon avait une idée qu'il pensait être la meilleure jusqu'à présent. Il aperçut Monsieur Bernard, la vieille tortue grincheuse, en train de faire la sieste à son endroit ensoleillé préféré près de la rivière. « Que se passerait-il si, pensa Léon, je prenais son précieux chapeau de paille et que je le suspendais haut sur cette branche d'arbre ? Il sera tellement surpris ! »

D'un coup de course rapide et d'un léger tirage, Léon attrapa le chapeau et grimpa à l'arbre, le suspendant à la branche la plus basse. En redescendant et en se cachant derrière un buisson, il avait du mal à contenir ses rires.

Quand Monsieur Bernard se réveilla et tendit la main pour attraper son chapeau, il se figea. Son précieux chapeau de paille avait disparu ! Il regarda lentement autour de lui, finissant par le repérer en train de se balancer sur la branche de l'arbre au-dessus. Bernard souffla, « Léon ! Je sais que c'est toi ! »

Léon essaya de réprimer son rire, mais le visage grincheux de Bernard le fit rire encore plus fort.

« Très drôle, » murmura Bernard, étirant son cou pour atteindre la branche, mais il était tout simplement trop court.

Voyant Bernard en difficulté, Léon pensa qu'il mettrait fin à la farce et l'aiderait, mais juste à ce moment-là, Bernard glissa un peu, et son pied se coinça dans une flaque de boue ! Maintenant, il était vraiment agacé, essayant de se dégager, mais chaque tirage ne faisait que l'enfoncer davantage.

« Oh non, » chuchota Léon, réalisant que les choses avaient trop dégénéré. Il voulait aider, mais Bernard était très têtu, et il n'était pas sûr de ce que Bernard penserait d'être aidé par le farceur qui l'avait mis dans ce pétrin.

Rassemblant tout son courage, Léon sortit de sa cachette. « Monsieur Bernard, je suis vraiment désolé. Laisse-moi t'aider à sortir. »

Bernard regarda Léon, plissant les yeux. « Je n'ai pas besoin de l'aide d'un farceur ! »

Mais Léon n'était pas du genre à abandonner facilement. Il repéra une longue branche à proximité et conçut rapidement un plan. « D'accord, Monsieur Bernard, reste juste immobile et tiens cette branche, » dit-il doucement, en la poussant vers la tortue.

À contrecœur, Bernard saisit la branche, et de toutes ses forces, Léon tira et tira jusqu'à ce que, enfin, Bernard soit libre de ce piège de boue. Épuisé mais soulagé, Bernard souffla, « Merci, Léon. Je suppose que j'aurais pu rester coincé toute la journée sans toi. »

Léon baissa les oreilles, penaud. « Je suis désolé d'avoir mis ton chapeau dans l'arbre. Je ne voulais pas que les choses se passent ainsi. Je voulais juste te faire rire. »

Monsieur Bernard eut un petit rire. « Eh bien, Léon, le rire est bon, mais la gentillesse l'est aussi. Tu m'as aidé à la fin, et pour cela, je te remercie. »

Les deux échangèrent un sourire, et Léon se promit d'utiliser ses idées astucieuses pour des plaisanteries amusantes et utiles à partir de ce jour-là. Et en remerciement, Bernard lui permit même d'essayer son chapeau, qui—à la grande joie de Léon—lui allait parfaitement.

À partir de ce jour, la tortue grincheuse et le lapin malicieux devinrent des amis improbables, partageant des blagues et des farces douces—celles qui étaient toujours remplies de rires et de gentillesse.

The Fabulous Prank of Leon the Rabbit

In the heart of a green, sun-dappled forest, Léon the Rabbit was known as the king of mischief. Léon was clever and always eager to bring a laugh to his woodland friends. Whether it was tying daisy chains into someone's tail or hiding in a bush to give a gentle surprise, Léon was always thinking up new pranks.

Today, Léon had an idea he thought was his best yet. He spotted Monsieur Bernard, the grumpy old tortoise, napping in his favorite sunny spot near the river. "What if," thought Léon, "I took his precious straw hat and hung it up high on that tree branch? He'll be so surprised!"

With a quick dash and a light tug, Léon snatched the hat and climbed the tree, hanging it on the lowest branch. As he climbed down and hid behind a bush, he could hardly contain his giggles.

When Monsieur Bernard woke up and reached for his hat, he froze. His precious straw hat was missing! He looked around slowly, finally spotting it swinging from the tree branch above. Bernard huffed, "Léon! I know you're behind this!"

Léon tried to stifle his laughter, but Bernard's grumpy face made him giggle even harder.

"Very funny," Bernard muttered, stretching his neck up to reach the branch, but he was just too short.

Seeing Bernard struggle, Léon thought he'd end the prank and help, but just then, Bernard slipped a little, and his foot got stuck in a patch of mud! Now he was truly annoyed, trying to pull himself free, but each tug only made him sink deeper.

"Oh no," whispered Léon, realizing things had gone too far. He wanted to help, but Bernard was very stubborn, and he wasn't sure how Bernard would feel about being helped by the prankster who got him into this mess.

Gathering all his courage, Léon hopped out from his hiding place. "Monsieur Bernard, I'm really sorry. Let me help get you out."

Bernard looked at Léon, narrowing his eyes. "I don't need help from a prankster!"

But Léon wasn't one to give up easily. He spotted a long branch nearby and quickly hatched a plan. "Alright, Monsieur Bernard, just stay still and hold onto this branch," he said gently, pushing it toward the tortoise.

Reluctantly, Bernard grabbed the branch, and with all his strength, Léon pulled and tugged until at last, Bernard was free of the muddy trap. Exhausted but relieved, Bernard huffed, "Thank you, Léon. I suppose I could have been stuck all day without you."

Léon lowered his ears sheepishly. "I'm sorry for putting your hat up in the tree. I didn't mean for things to go this way. I just wanted to make you laugh."

Monsieur Bernard gave a small chuckle. "Well, Léon, laughter is good, but so is kindness. You helped me in the end, and for that, I thank you."

The two shared a smile, and Léon made a promise to himself to use his clever ideas for fun and helpful tricks from then on. And as a thank-you, Bernard even let him try on his hat, which—much to Léon's delight—fit him perfectly.

From that day on, the grumpy tortoise and the mischievous rabbit became unlikely friends, sharing jokes and gentle pranks—ones that were always filled with laughter and kindness.

Zoé et le Chapeau Magique

Un bel après-midi, Zoé rendait visite à la maison de sa grand-mère, un cottage douillet rempli de trésors et de secrets. Zoé adorait explorer les nombreuses pièces de sa grand-mère, chacune remplie de vieilles choses intéressantes. Aujourd'hui, cependant, sa curiosité l'emmena vers l'armoire de sa grand-mère, où elle aperçut quelque chose d'inhabituel au fond : un vieux chapeau surdimensionné.

Il était recouvert d'une fine couche de poussière, et une plume dépassait du bord. Le chapeau semblait ne pas avoir été porté depuis des lustres, et Zoé ne put résister à l'envie de l'essayer. En le plaçant sur sa tête, elle remarqua qu'il était étonnamment chaud et semblait scintiller d'une lueur légère.

Tout à coup, le monde autour de Zoé commença à se brouiller et à tourbillonner, et avec un doux bruit de souffle, elle se retrouva non plus dans la chambre de sa grand-mère. Au lieu de cela, elle se tenait au milieu d'une vaste prairie étincelante. De l'herbe dorée et haute l'entourait, et l'air était empli du doux parfum des fleurs.

« Wow ! » murmura Zoé, émerveillée, en regardant autour d'elle. Elle entendit une petite voix chantonnant à proximité et suivit le son jusqu'à ce qu'elle trouve la source : un petit escargot à la coquille brillante, chantant une mélodie tout en glissant le long d'une feuille.

« Bonjour ! » dit Zoé, en riant à la vue de l'escargot chanteur.

« Oh, salut, jeune voyageuse, » répondit l'escargot d'une voix joyeuse et minuscule. « Je suis Simon l'Escargot, et je chante pour apporter de la joie à cette prairie. »

Zoé sourit et rejoignit Simon dans sa chanson. En chantant ensemble, Zoé ressentit une vague de bonheur, réalisant que parfois les choses les plus simples, comme une chanson, pouvaient apporter tant de joie. Elle remercia Simon pour la chanson, et alors qu'elle faisait ses adieux, le monde commença à tourner à nouveau.

Cette fois, Zoé se retrouva flottant sur un nuage blanc et duveteux, haut dans le ciel. À côté d'elle se trouvait un nuage plus petit et plus rond, qui semblait faire la moue et marmonner pour lui-même.

« Bonjour ! » appela Zoé.

Le nuage la regarda et soupira : « Oh là là, bonjour ! Je suis Claude le Nuage. Je devais pleuvoir sur les champs de tournesols, mais j'ai oublié où ils sont ! »

Zoé réfléchit un instant, puis pointa une étendue dorée en dessous. « Regarde ! Les champs de tournesols sont juste là ! »

Claude regarda en bas, s'éclairant. « Oh ! Merci, Zoé ! Je savais que je pourrais les retrouver avec un peu d'aide. » Alors qu'il descendait pour arroser les champs, Zoé se sentit fière d'avoir été utile.

Juste au moment où Claude faisait ses adieux, Zoé sentit qu'elle retournait dans la chambre de sa grand-mère. Elle regarda autour d'elle, le cœur encore rempli d'émerveillement après ses aventures. Le chapeau n'était plus qu'un vieux chapeau, sa magie s'étant apaisée.

Chaque fois qu'elle le mettait par la suite, Zoé se retrouvait dans un nouvel endroit, rencontrant des amis insolites et apprenant de nouvelles choses. Un jour, elle apprendrait à être brave avec un écureuil nerveux ; un autre jour, elle apprendrait la patience avec une vieille tortue lente mais sage. Chaque aventure lui apportait quelque chose de spécial.

Zoé réalisa que la magie du chapeau ne résidait pas seulement dans les endroits où il l'emmenait, mais dans les leçons et les souvenirs qu'il laissait derrière lui. Et chaque fois qu'elle revenait, elle se sentait un peu plus courageuse, un peu plus sage et beaucoup plus curieuse.

Lorsqu'elle partageait ses histoires avec sa grand-mère, celle-ci lui faisait simplement un clin d'œil et disait : « C'est la beauté de l'imagination, Zoé — elle t'emmènera partout. »

Zoe and the Magic Hat

One bright afternoon, Zoé was visiting her grandmother's house, a cozy cottage filled with treasures and secrets. Zoé loved to explore her grandmother's many rooms, each one stuffed with old, interesting things. Today, however, her curiosity took her to her grandmother's wardrobe, where she spotted something unusual at the very back: an old, oversized hat.

It was covered in a fine layer of dust, and a feather stuck out of the brim. The hat looked like it hadn't been worn in ages, and Zoé couldn't resist trying it on. As she placed it on her head, she noticed it felt surprisingly warm and seemed to shimmer with a faint glow.

Suddenly, the world around Zoé began to blur and swirl, and with a soft whoosh, she found herself no longer in her grandmother's room. Instead, she stood in the middle of a vast, sparkling meadow. Tall, golden grass surrounded her, and the air was filled with the sweet scent of flowers.

"Wow!" Zoé whispered in awe, looking around. She heard a tiny voice humming nearby and followed the sound until she found the source—a small snail with a shiny shell, singing a tune as it slithered along a leaf.

"Hello there!" said Zoé, giggling at the sight of the singing snail.

"Oh, greetings, young traveler," said the snail in a tiny, cheerful voice. "I am Simon the Snail, and I sing to bring cheer to this meadow."

Zoé smiled and joined Simon in his song. As they sang together, Zoé felt a wave of happiness, realizing that sometimes the simplest things, like a song, could bring so much joy. She thanked Simon for the song, and as she waved goodbye, the world started to spin again.

This time, Zoé found herself floating on a fluffy white cloud high in the sky. Beside her was a smaller, rounder cloud, and it seemed to be frowning and mumbling to itself.

"Hello!" Zoé called out.

The cloud looked over and sighed, "Oh dear, hello! I'm Claude the Cloud. I was supposed to rain over the sunflower fields, but I've forgotten where they are!"

Zoé thought for a moment, then pointed to a golden stretch below. "Look! The sunflower fields are right there!"

Claude looked down, brightening. "Oh! Thank you, Zoé! I knew I could find them with a little help." As he drifted down to water the fields, Zoé felt proud to have been helpful.

Just as Claude waved goodbye, Zoé felt herself returning to her grandmother's room. She looked around, her heart still full of wonder from her adventures. The hat was just an old hat again, its magic quiet.

Each time she put it on afterward, Zoé returned to a new place, meeting unusual friends and learning new things. One day she would learn to be brave with a jittery squirrel; another day she'd learn patience with a slow but wise old turtle. Every adventure brought her something special.

Zoé realized that the magic of the hat wasn't just in the places it took her, but in the lessons and memories it left behind. And each time she returned, she felt just a bit braver, a bit wiser, and a lot more curious.

When she shared her stories with her grandmother, her grandmother simply winked and said, "That's the beauty of imagination, Zoé—it will take you anywhere."

Les Aventures de Max et Margot, les Jeunes Espions

Max et Margot étaient les meilleurs amis et les enfants les plus curieux de leur petit village paisible de Willowbrook. Depuis qu'ils avaient regardé un film sur les espions, ils étaient fascinés par l'idée de résoudre des mystères et de découvrir des secrets. Ils avaient même leur propre « kit d'espion » rempli de l'indispensable : une loupe, un carnet et leurs fidèles talkies-walkies.

Un après-midi ensoleillé, alors que Max et Margot jouaient près de la place du village, ils aperçurent un homme habillé d'un manteau sombre portant un paquet au look étrange. Il jeta un regard suspicieux autour de lui et déposa soigneusement le paquet derrière un grand chêne, puis s'éloigna sans un mot.

« Tu as vu ça ? » chuchota Margot en donnant un coup de coude à Max.

« Définitivement suspect, » répondit Max, les yeux plissés d'excitation. « Peut-être que c'est une mission secrète ! »

Les deux amis se regardèrent, s'accordant silencieusement. C'était leur chance de mettre à l'épreuve leurs compétences d'espions.

Ils s'approchèrent prudemment de l'arbre, jetant des coups d'œil pour s'assurer que personne ne les regardait. Max souleva lentement le paquet. C'était une simple boîte brune avec seulement une petite note collée dessus. La note disait : « Manipuler avec précaution. »

« Très mystérieux, » chuchota Margot, sortant sa loupe et examinant la boîte.

Juste à ce moment-là, Mme Cooper, la propriétaire de la boulangerie, passa et les vit accroupis près de l'arbre. « Bonjour, vous deux ! Que faites-vous ? »

Réfléchissant rapidement, Max répondit : « Oh, rien, Mme Cooper ! Juste... euh... à la recherche d'indices ! » Ils lui firent un grand sourire innocent, espérant qu'elle ne se douterait de rien.

Une fois qu'elle fut hors de vue, Max et Margot transportèrent le paquet jusqu'à leur quartier général secret—le jardin de Max. Ils l'inspectèrent attentivement, élaborant toutes sortes de théories.

« Et si c'était plein de bijoux volés ? » suggéra Max, les yeux écarquillés d'excitation.

« Ou de gadgets d'espion ! » ajouta Margot, souriant en s'imaginant avec une montre espion high-tech.

Ils décidèrent d'ouvrir la boîte avec précaution, utilisant leurs « outils d'espion » pour décoller le ruban. À l'intérieur, cependant, ils trouvèrent... un petit chaton en céramique et une carte qui disait : « Joyeux Anniversaire, Grand-mère ! »

Max et Margot se regardèrent, choqués. Leur grande mission n'était pas une opération d'espionnage secrète, après tout. C'était juste un simple cadeau d'anniversaire pour la grand-mère de quelqu'un !

« Oh non, » dit Margot, ressentant une pangée de culpabilité. « Nous n'aurions pas dû l'ouvrir. »

« Tu as raison, » soupira Max. « Nous nous sommes tellement laissés emporter par nos jeux d'espion que nous avons oublié que ça pouvait être le cadeau de quelqu'un. Que devons-nous faire maintenant ? »

Après un moment, Margot eut une idée. « Remettons-le dans son emballage et remettons-le exactement là où nous l'avons trouvé. Et ensuite, nous pourrons surveiller de loin, juste pour être sûrs que c'est en sécurité. »

Ils re-emballèrent rapidement la boîte, faisant de leur mieux pour la rendre exactement comme ils l'avaient trouvée. Une fois qu'ils l'eurent replacée sous l'arbre, ils se cachèrent à proximité, espérant que personne n'avait vu leur petite « enquête ».

Peu de temps après, l'homme en manteau sombre revint. Il prit le paquet avec un doux sourire et s'éloigna vers la maison de retraite de Willowbrook au bout de la rue. Max et Margot observèrent, soulagés, se sentant un peu embarrassés mais aussi heureux que le cadeau soit en sécurité.

Alors qu'ils rentraient chez eux, Max ria : « Je suppose que nous ne sommes pas encore prêts à être de vrais espions. »

Margot rit aussi. « Peut-être pas. Mais nous avons appris quelque chose d'important : parfois, les choses sont juste ce qu'elles semblent être, et il est préférable d'être honnête. »

Depuis ce jour, Max et Margot continuèrent leurs jeux d'espion, mais avec un peu plus de prudence. Ils réalisèrent que parfois, la vie réelle n'avait pas besoin d'un grand mystère pour être intéressante, surtout quand ils s'avaient l'un l'autre. Et à la fin, ils apprirent que l'amitié—et un peu d'honnêteté—était la meilleure aventure de toutes.

The Adventures of Max and Margot, the Kid Spies

Max and Margot were the best of friends and the most curious kids in their quiet little town of Willowbrook. Ever since they'd watched a movie about spies, they'd been fascinated by the idea of solving mysteries and uncovering secrets. They even had their own "spy kit" filled with essentials: a magnifying glass, a notebook, and their trusty walkie-talkies.

One sunny afternoon, while Max and Margot were playing near the town square, they spotted a man dressed in a dark coat carrying a strange-looking package. He glanced around suspiciously and placed the package carefully behind a big oak tree, then walked away without a word.

"Did you see that?" whispered Margot, nudging Max.

"Definitely suspicious," replied Max, his eyes narrowing in excitement. "Maybe it's part of a secret mission!"

The two friends glanced at each other, silently agreeing. This was their chance to put their spy skills to the test.

They carefully approached the tree, peeking around to make sure no one was watching. Max slowly lifted the package. It was a plain brown box with nothing but a small note taped on top. The note read, "Handle with care."

"Very mysterious," whispered Margot, taking out her magnifying glass and examining the box.

Just then, Mrs. Cooper, the bakery owner, walked by and saw them crouching by the tree. "Hello, you two! What are you up to?"

Thinking quickly, Max replied, "Oh, nothing, Mrs. Cooper! Just... uh... looking for clues!" They gave her a big, innocent smile, hoping she wouldn't suspect anything.

Once she was out of sight, Max and Margot carried the package to their secret headquarters—Max's backyard. They inspected it carefully, coming up with all sorts of theories.

"What if it's full of stolen jewels?" suggested Max, his eyes wide with excitement.

"Or secret spy gadgets!" added Margot, grinning as she imagined herself with a high-tech spy watch.

They decided to open the box carefully, using their "spy tools" to peel back the tape. Inside, however, they found... a small ceramic kitten and a card that read, "Happy Birthday, Grandma!"

Max and Margot looked at each other in shock. Their grand mission was not a secret spy operation, after all. It was just a simple birthday gift for someone's grandma!

"Oh no," said Margot, feeling a pang of guilt. "We shouldn't have opened it."

"You're right," sighed Max. "We got so carried away with our spy games that we forgot it might just be someone's gift. What do we do now?"

After a moment, Margot had an idea. "Let's wrap it back up and put it right where we found it. And then we can keep watch from a distance, just to make sure it's safe."

They quickly rewrapped the box, doing their best to make it look exactly as they'd found it. Once they placed it back under the tree, they hid nearby, hoping no one had seen their little "investigation."

A short while later, the man in the dark coat returned. He picked up the package with a gentle smile and walked off toward the Willowbrook Nursing Home down the street. Max and Margot watched in relief, feeling a little embarrassed but also happy that the gift was safe.

As they walked home, Max chuckled, "I guess we're not quite ready to be real spies."

Margot laughed, too. "Maybe not. But we learned something important: sometimes things are just what they seem, and it's best to be honest."

From that day on, Max and Margot continued their spy games but with a little more caution. They realized that sometimes, real life didn't need a big mystery to be interesting, especially when they had each other. And in the end, they learned that friendship—and a little honesty—was the best adventure of all.

Le Géant et le Petit Livre du Bonheur

Hugo était un gentil géant qui vivait seul au bord d'un village paisible. Avec sa grande taille et ses yeux doux et pétillants, il avait l'air un peu intimidant, mais tous ceux qui le connaissaient savaient qu'il avait un cœur en or. Hugo avait tout ce qu'il pensait avoir besoin : une grotte chaleureuse et confortable pour dormir, plein de délicieuses baies et noix à manger, et une belle vue sur la vallée en contrebas. Mais au fond de lui, Hugo avait l'impression qu'il lui manquait quelque chose.

Un matin, en se promenant dans la forêt, Hugo aperçut quelque chose qui brillait sur le sol. Il se pencha, curieux, et découvrit un tout petit livre délicat, à peine de la taille de son pouce. Sa couverture portait le titre : Le Petit Livre du Bonheur. Intrigué, Hugo ouvrit la première page, qui contenait une seule phrase : « Le bonheur grandit quand il est partagé. »

Hugo se gratta la tête. Il n'avait jamais pensé au bonheur de cette façon. Il tourna la page, qui contenait un autre message simple : « Essaie de faire un compliment à quelqu'un aujourd'hui. »

Désireux d'essayer, Hugo se dirigea vers le village. Il vit Mme Lavande, la boulangère, sortir son pain frais. Elle avait l'air un peu fatiguée par son travail matinal.

« Mme Lavande, » rumina-t-il doucement, « votre pain sent merveilleusement bon aujourd'hui ! »

Le visage de Mme Lavande s'illumina. « Oh, merci, Hugo ! Tu es tellement gentil ! » Elle lui tendit une petite miche de pain, encore chaude du four. Hugo ressentit une chaleur agréable dans son cœur en la remerciant.

Curieux, Hugo feuilleta la page suivante du petit livre, qui disait : « Propose d'aider quelqu'un dans le besoin. » Juste à ce moment-là, il remarqua le petit Timothy qui peinait à descendre la colline avec un panier de pommes. Hugo s'approcha en titubant et souleva le panier avec aisance.

« Merci, Hugo ! » s'exclama Timothy, le visage rouge d'effort. « Je n'aurais pas pu le faire sans toi. »

Encore une fois, Hugo ressentit cette même chaleur intérieure. Chaque page du Petit Livre du Bonheur contenait une nouvelle suggestion, et Hugo suivit chacune d'elles avec empressement. Il aida le vieux M. Jenkins à réparer sa clôture de jardin, joua à un jeu avec les enfants du village et même offrit l'une de ses baies préférées à un oiseau qui passait. Avec chaque acte de gentillesse, Hugo ressentait une joie et un épanouissement qu'il n'avait jamais ressentis auparavant.

Un soir, après une journée bien remplie à répandre la gentillesse, Hugo retourna dans sa grotte. Il s'assit, ouvrit le petit livre, et vit que la dernière page était maintenant blanche. Intrigué, il pensa à tout ce qu'il avait fait depuis qu'il avait trouvé le livre. Chaque acte de gentillesse avait rempli un peu plus son cœur, et il réalisa qu'il ne ressentait plus cet espace vide. Il se sentait... heureux.

Hugo plaça soigneusement Le Petit Livre du Bonheur sur une étagère haute, où il pourrait l'inspirer chaque fois qu'il aurait besoin d'un rappel. À partir de ce jour, il continua à faire de petits actes de gentillesse, non pas parce que le livre lui avait dit de le faire, mais parce qu'il avait appris que le bonheur grandit vraiment quand il est partagé.

Et ainsi, dans son petit coin tranquille du monde, Hugo le gentil géant devint connu non seulement pour sa taille, mais aussi pour son cœur géant, toujours prêt à donner un coup de main et à répandre le bonheur partout où il allait.

The Giant and the Little Book of Happiness

Hugo was a gentle giant who lived alone on the edge of a quiet village. With his towering height and kind, twinkling eyes, he looked a little intimidating, but everyone who knew him knew he had a heart of gold. Hugo had everything he thought he needed: a warm, cozy cave to sleep in, plenty of delicious berries and nuts to eat, and a beautiful view of the valley below. But deep down, Hugo felt as though something was missing.

One morning, while strolling through the forest, Hugo spotted something glittering on the ground. He bent down, curious, and discovered a tiny, delicate book barely the size of his thumb. Its cover read, The Little Book of Happiness. Intrigued, Hugo opened the first page, which had only a single sentence: "Happiness grows when shared."

Hugo scratched his head. He'd never thought about happiness that way. He turned the page, which held another simple message: "Try giving someone a compliment today."

Eager to try, Hugo walked into the village. He saw Mrs. Lavender, the baker, setting out her fresh bread. She looked a little tired from her early morning work.

"Mrs. Lavender," he rumbled gently, "your bread smells wonderful today!"

Mrs. Lavender's face lit up. "Oh, thank you, Hugo! You're so kind!" She handed him a small loaf of bread, still warm from the oven. Hugo felt a pleasant warmth in his heart as he thanked her.

Curious, Hugo flipped to the next page of the tiny book, which read, "Offer to help someone in need." Just then, he noticed little Timothy struggling to carry a basket of apples down the hill. Hugo lumbered over and lifted the basket with ease.

"Thank you, Hugo!" Timothy beamed, his face red from the effort. "I couldn't have done it without you."

Once again, Hugo felt that same warm glow inside. Each page of The Little Book of Happiness held a new suggestion, and Hugo followed each one eagerly. He helped old Mr. Jenkins repair his garden fence, played a game with the village children, and even gave one of his favorite berries to a passing bird. With each kind act, Hugo felt a sense of joy and fulfillment that he hadn't felt before.

One evening, after a full day of spreading kindness, Hugo returned to his cave. He sat down, opened the tiny book, and saw that the last page was now blank. Puzzled, he thought about everything he'd done since finding the book. Each act of kindness had filled his heart a little more, and he realized he didn't feel that empty space anymore. He felt... happy.

Hugo carefully placed The Little Book of Happiness on a high shelf, where it could inspire him whenever he needed a reminder. From that day on, he continued doing small acts of kindness, not because the book told him to but because he'd learned that happiness truly does grow when it's shared.

And so, in his quiet little corner of the world, Hugo the gentle giant became known not only for his size but for his giant heart, always eager to lend a hand and spread happiness wherever he went.

31

La Boîte Mystérieuse de Mimi et Pipo

Un après-midi pluvieux, Mimi, le chaton espiègle, et Pipo, le perroquet coquin, exploraient le grenier. Le grenier était plein de vieilles boîtes, de livres poussiéreux et de toutes sortes de choses intéressantes qui semblaient n'avoir pas été touchées depuis des années. Alors qu'ils se faufilaient, les yeux perçants de Mimi aperçurent une grande boîte ancienne, cachée dans un coin, recouverte de toiles d'araignée.

« Que penses-tu qu'il y ait à l'intérieur ? » murmura Mimi, sa queue frémissant d'excitation.

Pipo cria et ébouriffa ses plumes. « Il n'y a qu'un moyen de le savoir ! » dit-il avec un éclat malicieux dans les yeux. Ensemble, ils poussèrent et tirèrent jusqu'à ce que le couvercle de la boîte grince en s'ouvrant. À l'intérieur, ils trouvèrent un morceau de papier froissé avec des symboles étranges et un vieux dessin d'un coffre au trésor.

« Une carte au trésor ! » s'exclama Pipo. « Nous partons à la chasse au trésor ! »

La carte semblait les mener à différents endroits de la maison, chaque étape promettant un nouvel indice. Le premier indice était une image de la grande horloge en bas dans le salon. Ils coururent rapidement en bas, leurs pattes et griffes faisant de légers bruits sur le sol. Lorsqu'ils atteignirent l'horloge, ils trouvèrent un petit morceau de papier caché derrière elle.

Il disait : « Trouvez l'endroit où les ombres grandissent. »

Mimi pencha la tête. « Que signifie cela ? »

Pipo réfléchit un instant, puis s'exclama : « Le soleil brille à travers la fenêtre dans la salle à manger ! Vérifions là-bas ! »

Ils se précipitèrent et, en effet, il y avait une autre note cachée dans l'ombre de la fenêtre de la salle à manger. Elle disait : « Cherchez là où la chaleur coule. »

Pipo se gratta la tête avec son bec. « Hmm... chaleur ? La cheminée ! »

Ils se dirigèrent vers la cheminée dans le salon. Ils cherchèrent partout jusqu'à ce que les yeux perçants de Mimi repèrent un petit morceau de papier coincé entre les briques.

Cet indice était plus compliqué. Il disait : « Là où les secrets sont gardés en toute sécurité. »

« En toute sécurité ? » se demanda Mimi, ses oreilles frémissant.

« Aha ! » s'écria Pipo avec excitation. « Le vieux coffre-fort dans le bureau ! »

Quand ils arrivèrent au bureau, ils trouvèrent le coffre-fort déjà ouvert, avec une petite poche en velours reposant à l'intérieur. Dans la poche se trouvait une clé dorée brillante et un dernier indice : « Le prix final se trouve au plus haut endroit. »

« Le grenier ! » crièrent Mimi et Pipo en chœur.

Ils remontèrent en courant les escaliers vers le grenier, leur excitation grandissant à chaque pas. La clé brillait dans la patte de Mimi alors qu'elle l'insérait dans un petit compartiment caché de l'ancienne boîte qu'ils avaient trouvée en premier. Lorsqu'elle tourna la clé, le compartiment s'ouvrit, révélant... un petit miroir scintillant avec un message écrit dessus : « Le véritable trésor se trouve dans l'amitié. »

Mimi et Pipo se regardèrent et éclatèrent de rire. Ils réalisèrent que chaque étape de la chasse au trésor avait été plus amusante parce qu'ils l'avaient faite ensemble. La boîte mystérieuse leur avait donné le plus grand cadeau de tous : une amitié remplie de travail d'équipe, de rires et de souvenirs qu'ils chériraient toujours.

Avec le miroir soigneusement remis dans la boîte, Mimi et Pipo savaient qu'ils n'avaient pas besoin d'autres trésors. Ils s'avaient déjà l'un l'autre—et c'était la meilleure aventure de toutes.

The Mysterious Box of Mimi and Pipo

O ne rainy afternoon, Mimi the playful kitten and Pipo the cheeky parrot were exploring the attic. The attic was full of old boxes, dusty books, and all sorts of interesting things that looked like they hadn't been touched in years. As they tiptoed around, Mimi's sharp eyes spotted a large, ancient-looking box tucked in the corner, covered in cobwebs.

"What do you think is inside?" Mimi whispered, her tail flicking with excitement.

Pipo squawked and fluffed his feathers. "Only one way to find out!" he said with a mischievous glint in his eye. Together, they pushed and tugged until the lid of the box creaked open. Inside, they found a crumpled piece of paper with strange symbols and an old drawing of a treasure chest.

"A treasure map!" exclaimed Pipo. "We're going on a treasure hunt!"

The map seemed to lead them to different parts of the house, with each stop promising a new clue. The first clue was a picture of the big clock downstairs in the living room. They quickly scampered down, their paws and claws making soft taps on the floor. When they reached the clock, they found a small slip of paper tucked behind it.

It read, "Find the spot where shadows grow."

Mimi tilted her head. "What does that mean?"

Pipo thought for a moment, then chirped, "The sun shines through the window in the dining room! Let's check there!"

They hurried over, and sure enough, there was another note hidden in the shadows of the dining room window. It read, "Seek where warmth flows."

Pipo scratched his head with his beak. "Hmm... warmth? The fireplace!"

Off they went to the fireplace in the sitting room. They searched high and low until Mimi's keen eyes spotted a small piece of paper wedged between the bricks.

This clue was more complicated. It read, "Where secrets are kept safe and sound."

"Safe and sound?" Mimi pondered, her ears twitching.

"Aha!" Pipo chirped excitedly. "The old safe in the study!"

When they reached the study, they found the safe already open with a tiny velvet pouch resting inside. Inside the pouch was a shiny golden key and one last clue: "The final prize lies in the highest place."

"The attic!" Mimi and Pipo shouted together.

They raced back up the stairs to the attic, their excitement growing with every step. The key glimmered in Mimi's paw as she inserted it into a small, hidden compartment in the ancient box they'd first found. As she turned the key, the compartment opened, revealing...a small, sparkling mirror with a message written on it: "True treasure is found in friendship."

Mimi and Pipo looked at each other and burst out laughing. They realized that every step of the treasure hunt had been more fun because they'd done it together. The mysterious box had given them the greatest gift of all: a friendship filled with teamwork, laughter, and memories they'd always treasure.

With the mirror placed carefully back in the box, Mimi and Pipo knew they didn't need any more treasures. They already had each other—and that was the best adventure of all.

Lulu et la Boîte à Musique Magique

Un après-midi ensoleillé, Lulu, une douce petite fille aux yeux pétillants et au cœur rempli de rêves, décida d'explorer le grenier de sa grand-mère. Elle adorait rendre visite à sa grand-mère, non seulement pour les délicieux biscuits, mais aussi pour le trésor d'objets anciens qui murmuraient des histoires du passé.

Alors qu'elle fouillait dans des boîtes poussiéreuses et des jouets oubliés, quelque chose de brillant attira son attention : une boîte à musique magnifiquement ornée, posée sur une pile de vieux livres. Elle était décorée de fleurs colorées et de petites étoiles, et elle semblait scintiller à la lumière.

Lulu la prit délicatement, essuyant la poussière. « Quelle jolie boîte à musique ! » s'exclama-t-elle en tournant la clé de remontage. À peine l'avait-elle fait qu'une douce mélodie remplit l'air. Les notes dansaient autour d'elle comme des papillons, l'enveloppant d'une chaude étreinte.

Tout à coup, le monde autour d'elle commença à tourbillonner, et avant qu'elle ne s'en rende compte, Lulu fut transportée dans un pays vibrant rempli de collines verdoyantes, de ruisseaux scintillants et des fleurs les plus colorées qu'elle ait jamais vues. Partout où elle regardait, des animaux chantaient ! Les oiseaux gazouillaient en harmonie, les lapins fredonnaient de douces berceuses, et même les poissons dans les ruisseaux fredonnaient des mélodies joyeuses.

« Bienvenue à Melodia ! » lui cria un écureuil joyeux en tournoyant dans les airs. « Nous sommes si heureux que tu sois ici ! Tu peux rester et chanter avec nous ! »

Lulu rit, mais son excitation se transforma rapidement en confusion. « Cet endroit est incroyable ! Mais pourquoi tout le monde est-il si heureux ? »

Le sourire de l'écureuil s'effaça. « Eh bien, tout le monde n'est pas heureux. Le vieux hibou grincheux, Oliver, refuse de partager sa musique avec nous. Il garde toutes les mélodies pour lui, et sans elles, nos chansons s'estompent ! »

Déterminée à aider, Lulu rassembla son courage. « Je vais parler à Oliver ! Peut-être que je peux le convaincre de partager sa musique. »

Avec ses nouveaux amis — un lapin plein d'entrain nommé Ruby et une tortue sage nommée Timothy — Lulu se dirigea vers l'arbre d'Oliver, un grand chêne qui dominait le paysage. Lorsqu'ils arrivèrent, ils trouvèrent le vieux hibou perché sur une branche, ayant l'air plus grincheux que jamais.

« Allez-vous-en ! Je ne veux pas entendre vos chansons idiotes ! » hulula Oliver en ébouriffant ses plumes.

Lulu prit une profonde inspiration. « S'il vous plaît, Monsieur Oliver. Nous aimons la musique, et nous avons besoin de votre aide. Tout le monde ici regrette les mélodies qui font chanter nos cœurs ! »

Le hibou les dévisagea, les yeux plissés. « Pourquoi devrais-je m'en soucier ? La musique est à moi ! J'ai travaillé dur pour la créer, et je ne la partagerai avec personne. »

Lulu ressentit une douleur dans son cœur. « Mais que dire de la joie que la musique apporte ? La partager la fait grandir et apporte du bonheur à tous. »

L'expression d'Oliver s'adoucit légèrement, mais il secoua la tête. « Vous ne comprenez pas. J'aimais autrefois chanter, mais ensuite, j'ai perdu mon inspiration. Maintenant, je ne peux plus trouver de joie dans ma musique. »

Lulu regarda ses amis, puis retourna son regard vers le hibou. « Que diriez-vous si nous vous aidions à retrouver votre joie ? Ensemble, nous pouvons créer de la belle musique ! »

Oliver la fixa avec incrédulité. « Vous pensez vraiment que vous pouvez m'aider ? »

« Oui ! » répondit Lulu avec enthousiasme. « Travaillons ensemble ! Nous pouvons organiser un pique-nique musical et inviter tout le monde. Vous pourrez leur montrer à quel point vos chansons sont merveilleuses ! »

Après un moment d'hésitation, Oliver hocha lentement la tête. « Très bien, mais je ne sais pas si je peux encore chanter. »

Les animaux s'empressèrent de préparer le pique-nique, rassemblant des fleurs et des friandises à partager. Alors que le soleil commençait à se coucher, le rassemblement eut lieu sous le grand chêne d'Oliver. Lulu encouragea le hibou à se joindre à eux, et bientôt, ils s'assirent tous ensemble, partageant histoires et rires.

Quand il fut temps de jouer de la musique, Lulu remonta à nouveau la boîte à musique magique, remplissant l'air de sa mélodie enchanteresse. Inspiré par la belle mélodie, Oliver prit une profonde respiration et commença à chanter. Au début, sa voix était tremblante, mais alors que les autres animaux se joignaient à lui, harmonisant avec lui, le cœur d'Oliver commença à s'envoler.

Les chansons emplissaient le ciel du soir, se mêlant dans une symphonie magique qui résonnait à travers le pays. Lulu pouvait voir l'éclat revenir dans les yeux d'Oliver alors qu'il chantait de plus en plus fort, ses ailes battant d'excitation.

Alors que les dernières notes s'évanouissaient dans le crépuscule, Oliver regarda autour de lui, souriant pour la première fois depuis des âges. « Merci, Lulu. Tu m'as montré que partager ma musique apporte de la joie, non seulement aux autres, mais aussi à moi. »

À partir de ce jour, Melodia était vivante de rires et de chansons, alors que les animaux créaient de belles mélodies ensemble. Oliver devint le cœur de leur musique, partageant librement son talent et inspirant les autres à se joindre à eux.

Lulu rentra chez elle, le cœur débordant de bonheur. Elle savait que la boîte à musique magique l'avait non seulement transportée dans un pays merveilleux, mais lui avait aussi appris l'importance de l'amitié, du partage et de la joie de la musique. Et alors qu'elle la remontait une dernière fois, elle réalisa que chaque note, chaque mélodie, était un rappel que, ensemble, ils pouvaient créer quelque chose de vraiment beau.

45

Lulu and the Magical Music Box

One sunny afternoon, Lulu, a sweet little girl with twinkling eyes and a heart full of dreams, decided to explore her grandmother's attic. She loved visiting her grandmother, not just for the delicious cookies, but for the treasure trove of old things that whispered stories of the past.

As she rummaged through dusty boxes and forgotten toys, something shiny caught her eye—a beautifully crafted music box sitting atop a stack of old books. It was adorned with colorful flowers and tiny stars, and it seemed to shimmer in the light.

Lulu carefully picked it up, brushing off the dust. "What a lovely music box!" she exclaimed, turning the winding key. As soon as she did, a sweet melody filled the air. The notes danced around her like butterflies, wrapping her in a warm embrace.

Suddenly, the world around her began to swirl, and before she knew it, Lulu was transported to a vibrant land filled with lush green hills, sparkling streams, and the most colorful flowers she had ever seen. Everywhere she looked, animals were singing! Birds chirped in harmony, rabbits crooned soft lullabies, and even the fish in the streams hummed cheerful tunes.

"Welcome to Melodia!" a cheerful squirrel greeted her, twirling in the air. "We're so happy you're here! You can stay and sing with us!"

Lulu giggled, but her excitement quickly turned to confusion. "This place is amazing! But why is everyone so happy?"

The squirrel's smile faded. "Well, not everyone is happy. The grumpy old owl, Oliver, refuses to share his music with us. He hoards all the melodies, and without them, our songs are fading away!"

Determined to help, Lulu gathered her courage. "I'll speak to Oliver! Maybe I can convince him to share his music."

With her new friends—a spirited rabbit named Ruby and a wise tortoise named Timothy—Lulu made her way to Oliver's tree, a grand oak that towered over the land. When they arrived, they found the old owl perched on a branch, looking more grumpy than ever.

"Go away! I don't want to hear any of your silly songs!" Oliver hooted, ruffling his feathers.

Lulu took a deep breath. "Please, Mr. Oliver. We love music, and we need your help. Everyone here misses the melodies that make our hearts sing!"

The owl glared down at them, his eyes narrow. "Why should I care? Music is mine! I worked hard to create it, and I won't share it with anyone."

Lulu felt a pang of sadness. "But what about the joy music brings? Sharing it makes it grow and brings happiness to everyone."

Oliver's expression softened slightly, but he shook his head. "You don't understand. I once loved to sing, but then I lost my inspiration. Now I can't find joy in my music anymore."

Lulu looked at her friends, then back at the owl. "What if we help you find your joy again? Together, we can create beautiful music!"

Oliver stared at her in disbelief. "You really think you can help me?"

"Yes!" Lulu said with enthusiasm. "Let's work together! We can have a musical picnic and invite everyone. You can show them how wonderful your songs are!"

After a moment of hesitation, Oliver nodded slowly. "Very well, but I don't know if I can still sing."

The animals hurried to prepare the picnic, gathering flowers and treats to share. As the sun began to set, the gathering took place under Oliver's grand oak. Lulu encouraged the owl to join them, and soon enough, they all sat together, sharing stories and laughter.

When it was time to play music, Lulu wound up the magical music box again, filling the air with its enchanting melody. Inspired by the beautiful tune, Oliver took a deep breath and began to sing. At first, his voice was shaky, but as the other animals joined in, harmonizing with him, Oliver's heart began to soar.

The songs filled the evening sky, blending together in a magical symphony that echoed through the land. Lulu could see the sparkle returning to Oliver's eyes as he sang louder, his wings flapping in excitement.

As the last notes faded into the twilight, Oliver looked around at his friends, smiling for the first time in ages. "Thank you, Lulu. You've shown me that sharing my music brings joy not just to others, but to me as well."

From that day on, Melodia was alive with laughter and songs, as the animals created beautiful melodies together. Oliver became the heart of their music, sharing his talent freely and inspiring others to join in.

Lulu returned home, her heart brimming with happiness. She knew the magical music box had not only transported her to a wondrous land but had also taught her the importance of friendship, sharing, and the joy of music. And as she wound it up one last time, she realized that every note, every melody, was a reminder that together, they could create something truly beautiful.

Finn et l'Aventure étoilée

Il était une fois, dans un petit terrier douillet niché à la lisière d'une forêt scintillante, un petit renard curieux nommé Finn. Finn avait un pelage orange éclatant, des yeux pétillants et un cœur plein de rêves. Chaque nuit, il sortait discrètement de son terrier et levait les yeux vers le vaste ciel, captivé par les étoiles qui brillaient comme des diamants.

« J'aimerais pouvoir visiter les étoiles », murmurait Finn, son imagination s'envolant alors qu'il s'imaginait dansant parmi les corps célestes.

Une nuit magique, alors que Finn était assis sous un grand chêne, il remarqua quelque chose d'extraordinaire. Une étoile filante traversa le ciel, laissant derrière elle une traînée brillante de lumière. Le cœur de Finn s'emballa d'excitation. Il ferma les yeux très fort et fit un vœu : « Je souhaite voyager jusqu'aux étoiles ! »

À sa grande surprise, l'étoile filante se mit soudain à descendre en tournoyant, se transformant en une créature scintillante avec des yeux pétillants et un sourire doux. « Bonjour, petit renard ! Je suis Stella, l'étoile filante. J'ai entendu ton vœu et je suis ici pour le réaliser ! »

Les yeux de Finn s'agrandirent d'incrédulité. « Tu veux dire que je peux vraiment aller aux étoiles ? »

« Absolument ! Accroche-toi bien ! » Stella rayonnait, et d'un coup de sa queue scintillante, elle emporta Finn du sol. Ils s'élevèrent haut dans le ciel nocturne, laissant derrière eux la forêt douillette.

Alors qu'ils filaient à travers les étoiles, Finn s'émerveillait de la beauté de l'univers. Il pouvait voir des planètes brillantes dans des teintes de bleu et de vert, des galaxies tourbillonnantes et des constellations scintillantes. Chaque étoile semblait avoir sa propre histoire à raconter.

« Regarde là-bas ! » Stella désigna avec sa lumière scintillante. Ils atterrirent sur un nuage duveteux, où une famille de créatures étoilées dansait joyeusement. Finn n'en croyait pas ses yeux ! Ces créatures avaient des corps faits de poussière d'étoile, et leur rire ressemblait à de doux carillons.

« Bienvenue, Finn ! » s'exclamèrent les créatures étoilées. « Nous sommes les Danseurs Célestes ! Veux-tu te joindre à nous ? »

Le cœur de Finn s'envola alors qu'il tournoyait et dansait parmi les êtres scintillants, se sentant plus léger qu'air. Ils chantaient des chansons sur le cosmos, racontant des histoires de la manière dont ils étaient devenus ce qu'ils étaient et des aventures qu'ils avaient vécues dans le ciel nocturne.

Après un moment, Stella tapota doucement Finn sur l'épaule. « Il y a encore plus à voir ! Visitons la Bibliothèque des Étoiles maintenant ! »

Sur ce, ils se rendirent dans une magnifique bibliothèque entièrement faite d'étoiles lumineuses. Les livres flottaient dans l'air, chacun contenant des histoires de bravoure, d'amitié et d'amour venant des étoiles de l'univers. Finn écoutait attentivement alors que les livres murmuraient leurs récits, remplissant son cœur d'inspiration.

Alors que la nuit continuait, Finn et Stella se rendirent dans une nébuleuse lumineuse, où ils rencontrèrent une vieille étoile sage qui veillait sur l'univers depuis des siècles. « Que cherches-tu, petit renard ? » demanda la vieille étoile, sa voix profonde et résonnante.

« Je veux tout voir ! Je veux vivre des aventures et rencontrer des créatures incroyables ! » s'exclama Finn.

La vieille étoile sourit chaleureusement. « Les aventures sont merveilleuses, mais souviens-toi, le vrai bonheur vient de l'appréciation de l'endroit où tu appartiens. »

Finn réfléchit aux paroles de la vieille étoile alors qu'ils s'élevaient à nouveau à travers le cosmos. Cependant, au fil de la nuit, Finn commença à ressentir un besoin de retourner chez lui. Les étoiles étaient incroyables, et il aimait les aventures, mais une partie de lui manquait la chaleur douillette de son terrier, le bruissement des feuilles et les sons familiers de la forêt.

« Stella, dit Finn doucement, je pense que je veux rentrer maintenant. »

Stella hocha la tête, comprenant les sentiments du petit renard. « Bien sûr ! Ton cœur sait où il appartient. » D'un coup de sa queue, ils redescendirent à travers le ciel, passant devant les étoiles scintillantes et dans l'étreinte familière de la forêt.

Lorsqu'ils atterrirent doucement près du terrier de Finn, la première lumière de l'aube commençait à se lever. « Merci, Stella ! C'était la meilleure aventure de toutes ! » dit Finn, le cœur rempli de gratitude.

Stella sourit radieusement. « Et souviens-toi, chaque nuit quand tu regarderas les étoiles, tu emporteras un morceau de cette aventure avec toi. »

Finn sourit et fouilla dans sa poche, où il trouva une petite étoile qui brillait d'une douce lumière dorée. « Je garderai cette étoile comme un rappel de mon voyage. »

Sur ce, Stella fit un signe d'au revoir et s'envola de nouveau dans le ciel, laissant Finn avec la chaleur de son amitié et le souvenir de leur aventure.

À partir de ce jour, chaque fois que Finn levait les yeux vers les étoiles, il se souvenait des merveilles qu'il avait vues et des leçons qu'il avait apprises. Il comprenait que, bien que les aventures soient excitantes et que l'univers soit magnifique, il n'y avait pas de meilleur endroit que chez soi—un endroit où son cœur appartenait vraiment.

Et chaque nuit, il contemplait les étoiles, son petit cœur rempli de rêves, sachant que l'aventure l'attendait dans le ciel scintillant au-dessus.

Finn and the Starlit Adventure

O nce upon a time, in a cozy little den nestled at the edge of a shimmering forest, lived a curious little fox named Finn. Finn had a bright orange coat, twinkling eyes, and a heart full of dreams. Every night, he would sneak out of his den and gaze up at the vast sky, captivated by the stars that sparkled like diamonds.

"I wish I could visit the stars," Finn would whisper to himself, his imagination taking flight as he imagined dancing among the celestial bodies.

One magical night, as Finn sat beneath a grand oak tree, he noticed something extraordinary. A shooting star streaked across the sky, leaving a brilliant trail of light behind it. Finn's heart raced with excitement. He closed his eyes tightly and made a wish: "I wish to travel to the stars!"

To his astonishment, the shooting star suddenly swooped down, transforming into a sparkling creature with twinkling eyes and a gentle smile. "Hello, little fox! I'm Stella, the shooting star. I heard your wish and I'm here to grant it!"

Finn's eyes widened in disbelief. "You mean I can really go to the stars?"

"Absolutely! Hold on tight!" Stella beamed, and with a flick of her shimmering tail, she whisked Finn off the ground. They soared high into the night sky, leaving the cozy forest behind.

As they zipped through the stars, Finn marveled at the beauty of the universe. He could see planets glowing in shades of blue and green, swirling galaxies, and twinkling constellations. Each star seemed to have its own story to tell.

"Look over there!" Stella pointed with her shimmering light. They landed on a fluffy cloud, where a family of starry creatures danced joyfully. Finn couldn't believe his eyes! These creatures had bodies made of stardust, and their laughter sounded like the sweetest chimes.

"Welcome, Finn!" the starry creatures cheered. "We're the Celestial Dancers! Would you like to join us?"

Finn's heart soared as he twirled and danced among the shimmering beings, feeling lighter than air. They sang songs about the cosmos, telling tales of how they came to be and the adventures they had in the night sky.

After a while, Stella gently tapped Finn on the shoulder. "There's more to see! Let's visit the Star Library next!"

With that, they traveled to a magnificent library made entirely of glowing stars. The books floated in the air, each containing stories of bravery, friendship, and love from stars across the universe. Finn listened intently as the books whispered their tales, filling his heart with inspiration.

As the night continued, Finn and Stella traveled to a glowing nebula, where they met a wise old star who had watched over the universe for centuries. "What do you seek, little fox?" the old star asked, his voice deep and resonant.

"I want to see everything! I want to go on adventures and meet amazing creatures!" Finn exclaimed.

The old star smiled warmly. "Adventures are wonderful, but remember, true happiness comes from appreciating where you belong."

Finn pondered the old star's words as they soared back through the cosmos. However, as the night wore on, Finn began to feel a sense of longing for home. The stars were incredible, and he loved the adventures, but a part of him missed the cozy warmth of his den, the rustle of leaves, and the familiar sounds of the forest.

"Stella," Finn said quietly, "I think I want to go home now."

Stella nodded, understanding the little fox's feelings. "Of course! Your heart knows where it belongs." With a flick of her tail, they soared back down through the sky, past the twinkling stars and into the familiar embrace of the forest.

As they landed softly near Finn's den, the first light of dawn began to break. "Thank you, Stella! This was the best adventure ever!" Finn said, his heart full of gratitude.

Stella smiled brightly. "And remember, every night when you look up at the stars, you'll carry a piece of this adventure with you."

Finn smiled and reached into his pocket, where he found a tiny star that glimmered with a soft, golden light. "I'll keep this star as a reminder of my journey."

With that, Stella waved goodbye and soared back into the sky, leaving Finn with the warmth of her friendship and the memory of their adventure.

From that day on, whenever Finn looked up at the stars, he would remember the wonders he had seen and the lessons he had learned. He understood that while adventures were exciting and the universe was beautiful, there was no place like home—a place where his heart truly belonged.

And every night, he would gaze up at the stars, his little heart filled with dreams, knowing that adventure awaited him in the twinkling sky above.

Oliver et la Carte au Trésor Voyageuse dans le Temps

Il était une fois, dans une petite ville tranquille, un jeune garçon nommé Oliver. Oliver était connu pour son imagination débordante et son amour de l'aventure. Il passait la plupart de ses journées à rêver de voyages héroïques et d'escapades palpitantes. Un après-midi pluvieux, alors qu'il explorait le grenier de sa grand-mère, Oliver tomba sur un vieux coffre poussiéreux caché sous une pile de jouets oubliés.

Curieux, il ouvrit le coffre et trouva une carte qui semblait ancienne. Elle était usée et décolorée, mais il y avait quelque chose de magique à son sujet. En haut, en lettres majuscules, on pouvait lire : "La carte au trésor voyageuse dans le temps." Son cœur battait d'excitation alors qu'il traçait les lignes et les symboles complexes sur le parchemin.

« Pourrait-elle vraiment me faire voyager dans le temps ? » se demanda-t-il à haute voix, son esprit débordant de possibilités.

Avec un sourire déterminé, Oliver décida de tenter sa chance. Il ferma les yeux, serra la carte contre son cœur et murmura : « Emmène-moi à l'aventure ! » Au moment où il ouvrit les yeux, le monde autour de lui commença à tourbillonner et à tourner, et avant qu'il ne s'en rende compte, il se tenait dans un marché animé.

Il regarda autour de lui, émerveillé ; tout était différent ! Les gens portaient des vêtements étranges, et l'air était rempli des cris des marchands vantant leurs marchandises. Oliver réalisa bientôt qu'il avait voyagé dans la Grèce antique !

En flânant dans le marché, il rencontra un vieux sage avec une longue barbe. « Bienvenue, jeune voyageur ! Je suis Socrate. Que te amène dans notre époque ? »

Oliver, excité de rencontrer un vrai philosophe, expliqua la carte au trésor. Socrate sourit doucement. « Ah, mais le plus grand trésor ne réside pas dans l'or ou les bijoux, mais dans la sagesse et les questions que nous posons. Souhaites-tu te joindre à moi pour une discussion ? »

Intrigué, Oliver passa l'après-midi à débattre d'idées avec Socrate, apprenant sur le courage et l'importance de penser par soi-même. Après avoir dit au revoir, Oliver ressentit une nouvelle bravoure grandir en lui.

Avec un coup de carte, Oliver voyagea ensuite à l'époque des chevaliers et des châteaux. Il se retrouva dans une grande salle où un festin royal était en train de se dérouler. Ici, il rencontra un vaillant chevalier nommé Sir Cedric, qui se préparait pour un tournoi de joutes. Oliver regarda avec admiration Sir Cedric parler de bravoure, d'honneur et d'aider ceux dans le besoin.

Inspiré par les histoires du chevalier, Oliver rejoignit Sir Cedric pour s'entraîner à la lance. Bien qu'il ne fût pas parfait, il apprit que la bravoure ne consistait pas seulement à gagner des batailles ; il s'agissait de défendre ce qui est juste, même quand les chances sont contre vous.

Après cela, Oliver remercia Sir Cedric et ouvrit de nouveau la carte, impatient de vivre sa prochaine aventure. Cette fois, il se retrouva à l'époque de la Renaissance, entouré d'artistes et d'inventeurs. Il fut captivé par les œuvres d'un jeune peintre nommé Léonard.

« Chaque création commence par une seule idée, » lui dit Léonard alors qu'ils peignaient ensemble. « Laisse libre cours à ton imagination ! »

Alors qu'Oliver expérimentait avec les couleurs et les formes, il réalisa que la créativité était un trésor en soi. La joie de créer quelque chose de nouveau lui semblait plus précieuse que n'importe quelle gemme qu'il pourrait trouver.

Après plusieurs incroyables aventures à travers le temps, Oliver sut qu'il était temps de rentrer chez lui. Avec le cœur rempli de souvenirs et de leçons, il serra la carte contre lui et murmura : « Ramène-moi chez moi ! »

En un clin d'œil, il se retrouva de retour dans le grenier de sa grand-mère, la carte au trésor reposant dans ses mains. Il sourit, sachant qu'il avait gagné bien plus que de l'or ; il avait collecté de la sagesse, de la bravoure et de la créativité auprès des figures incroyables qu'il avait rencontrées en chemin.

En descendant du grenier, Oliver décida qu'il devait partager ses nouvelles connaissances avec ses amis. Il les rassembla au parc et leur parla de ses aventures. Il évoqua la sagesse de Socrate, le courage de Sir Cedric et la créativité de Léonard.

Ses amis écoutaient, captivés par les histoires. Inspirés par les expériences d'Oliver, ils décidèrent tous de créer leurs propres aventures, imaginant qu'ils étaient aussi des voyageurs dans le temps, explorant des mondes de leur propre fabrication.

Ainsi, Oliver réalisa que le vrai trésor était les amitiés qu'ils construisaient et les souvenirs qu'ils partageaient. À partir de ce jour, ils entreprirent ensemble d'innombrables aventures imaginatives, explorant les merveilles de l'histoire et la magie de leur propre créativité.

Et ainsi, Oliver apprit que les meilleurs trésors ne se trouvent pas dans des coffres d'or, mais dans les expériences et les amitiés que nous chérissons en cours de route.

Oliver and the Time-Traveling Treasure Map

O nce upon a time in a quiet little town, there lived a young boy named Oliver. Oliver was known for his wild imagination and love of adventure. He spent most of his days dreaming of heroic journeys and thrilling escapades. One rainy afternoon, while exploring his grandmother's attic, Oliver stumbled upon an old, dusty chest hidden beneath a pile of forgotten toys.

Curious, he opened the chest and found an ancient-looking map. It was worn and faded, but there was something magical about it. At the top, in bold letters, it read, "The Time-Traveling Treasure Map." His heart raced with excitement as he traced the intricate lines and symbols on the parchment.

"Could it really take me through time?" he wondered aloud, his mind racing with possibilities.

With a determined grin, Oliver decided to give it a try. He closed his eyes tightly, held the map close to his heart, and whispered, "Take me on an adventure!" The moment he opened his eyes, the world around him began to swirl and spin, and before he knew it, he was standing in a bustling marketplace.

He looked around in awe; everything was different! The people wore strange clothes, and the air was filled with the sounds of merchants calling out their wares. Oliver soon realized he had traveled back to Ancient Greece!

As he wandered through the market, he met a wise old man with a long beard. "Welcome, young traveler! I am Socrates. What brings you to our time?"

Oliver, excited to meet a real philosopher, explained the treasure map. Socrates chuckled softly. "Ah, but the greatest treasure lies not in gold or jewels, but in wisdom and the questions we ask. Would you like to join me for a discussion?"

Intrigued, Oliver spent the afternoon debating ideas with Socrates, learning about bravery and the importance of thinking for oneself. After saying goodbye, Oliver felt a new sense of courage swell within him.

With a flick of the map, Oliver traveled next to the age of knights and castles. He found himself in a grand hall where a royal feast was taking place. Here, he met a valiant knight named Sir Cedric, who was preparing for a jousting tournament. Oliver watched in awe as Sir Cedric spoke of bravery, honor, and helping those in need.

Inspired by the knight's stories, Oliver joined Sir Cedric in practicing his lance skills. Though he wasn't perfect, he learned that bravery isn't just about winning battles; it's about standing up for what is right, even when the odds are against you.

Afterward, Oliver thanked Sir Cedric and opened the map once more, eager for his next adventure. This time, he found himself in the Renaissance period, surrounded by artists and inventors. He was captivated by the works of a young painter named Leonardo.

"Every creation begins with a single idea," Leonardo told him as they painted together. "Let your imagination run wild!"

As Oliver experimented with colors and shapes, he realized that creativity is a treasure of its own. The joy of creating something new felt more precious than any gem he could find.

After several incredible adventures across time, Oliver knew it was time to return home. With a heart full of memories and lessons, he held the map tightly and whispered, "Take me home!"

In a flash, he found himself back in his grandmother's attic, the treasure map resting in his hands. He smiled, knowing he had gained much more than gold; he had collected wisdom, bravery, and creativity from the incredible figures he met along the way.

As he descended from the attic, Oliver decided that he needed to share his newfound knowledge with his friends. He gathered them at the park and told them all about his adventures. He spoke of Socrates' wisdom, Sir Cedric's bravery, and Leonardo's creativity.

His friends listened, captivated by the stories. Inspired by Oliver's experiences, they all decided to create their own adventures, imagining they were time travelers too, exploring worlds of their own making.

Through this, Oliver realized that the true treasure was the friendships they built and the memories they shared. From that day on, they embarked on countless imaginative adventures together, exploring the wonders of history and the magic of their own creativity.

And so, Oliver learned that the best treasures are not found in chests of gold, but in the experiences and friendships we cherish along the way.